:(

장치에 문제가 발생하여 다시 시작해야 합니다.
다시 시작할 수 있습니다.

90% 완료

이 문제에 대한 자세한 내용은 다음을 참조하세요.
sorakapress@naver.com

지원 담당자에게 연락하는 경우 다음 정보를 제공하세요.
중지 코드: ©SORAKA_PRESS_SORAKA_PRESS_2022
오류 내용: life.sys, love.sys

poeticstar_01

머릿속에 블루스크린이 떴다

```
A problem has been detected and Windows has been shut down to prevent damage
to your computer.

If this is the first time you've seen this stop error screen,
restart your computer. If this screen appears again, follow
these steps:

Check for viruses on your computer. Remove any newly installed
hard drives or hard drive controllers. Check your hard drive
to make sure it is properly configured and terminated.
Run CHKDSK /F to check for hard drive corruption, and then
restart your computer.

Technical information:

*** STOP: 0x000000T5 (0xFF8R6BFC,0xE0000034,0x00000000,0x00000000)
```

소라카

깊은 밤 세상을 비추는 것은
나만이 아니었다.
우리는 각자의 자리에서,
각자의 속도로 공전하고 있다.
너무 멀어져도 빛이 약해지고,
지나치게 가까워도 충돌한다.

"투명한 밤하늘, 별의 언어
편안히게 눈에 담기는."

2022년 가을.
이은별

목차

제1부. loading

preserved flower 17

낙엽 18

열쇠 없는 아이(1998) 19

untitled 20

장마 21

환상 22

적응 23

퇴근길 24

우는 것들 25

여행자 26

답은 생겨나고 있었다 27

자존심과 자존감 28

세상살이 29

헛바늘 30

관계 1 31

관계 2 32

그런 날 33

누구의 탓이 아닌 일 34

정답 모르는 35

고요한 밤 36
피 본 날 39
오늘 더 많이 40
상처 41
삶과 죽음 42
관계 종료 44
밥벌이 45
쉼 46
표현의 부재 47
편안한 고독 48
무의식 속 세계 50
온전히 51
구원 52
흐린, 보통의 날 53
단 하나의 오차 54
그 언제 56
타인의 삶 57
쏟아내다 58
내던지다 59
도움 없는 도움 60
어른 62
닭이 먼저야, 알이 먼저야? 64

응어리 65

forest in the mist 66

아침을 기다리며 67

인간 68

낯선 위로 70

아픈 날 72

각자의 삶 73

제2부. install & uninstall

가을 77

시 내리는 밤 (별의 언어) 78

행운 79

그해 여름 80

주는 것의 행복 81

camellia 82

줄다리기: 불가 84

사랑과 우정 사이: 뽑기 85

her monologue 86

사치 87

지식인 88

봄밤, 진심 89

Traum(꿈) 90

마음의 무게 91
내 눈에 보이는 92
어려운 일 93
반영(反映) 94
동경 95
외사랑 96
꽃 선물 97
사랑의 크기 98
사랑의 계절 99
농담 100
여름밤 101
온 마음이 102
오래된 반지 104
소나기 105
코스모스 106
빈방 107
절정을 지나 108
변하는 것 109
그런 마음 111
독백 112
뒷모습 113
지금 보니 114

distance 115
이별_일어서기 116
사랑의 오만 117
우리의 겨울 118
그리움 119
우리가 남이 될 때 120
아직도 121
이별로(離別路) 122
차라리 123
모닥불 124
불안 125
감정 소모 126
착각의 늪 127
이별 1 128
이별 2 129

제3부. rebooting
빛 133
여행 134
아빠와 나무 135
낮과 밤, 해와 비 136
엄마와 아빠 138

새로운 두려움 140
샹그릴라의 오후 141
엄마다 142
비 오는 날 143
마지막 일과 144
낯선 사람 145
모르는 일들 146
인식 수단 148
테이블 야자 150
저 사람은 참 운이 좋아 151
마음의 법칙 152
존재만으로 154
음악 155
crying day 156
좋은 만남 157
필름 사진 158
숙명: 너를 사랑하는 일 159
겨울 160
rosemary 161
어린 빛 162
그때 다시 164
가려움증 165

rebooting 166
꽃의 시기 168
꿈에서 본 계단 169
굳은 문장들 170
책 선물 171
너를 만나기 전에는 몰랐던 것들 172
연습의 날들 173
탈(脫) 완벽주의자 174
서로의 위로 175
행운의 나날 176
현실도피: 2G 폰(해외에서) 177
간편한 이치 178
보석 될 상 179
실재하는 나 180
네가 그런 사람이라고 해도 181
희망의 새벽 182
어느 날, 문득 183
그래도 삶은 계속된다 184
급선무 185
나로서의 성장 186

제1부. loading

preserved flower

모든 처음은 처음이라 처음 같다.
처음이라는 단어는
인기가 많아 미련 갖기가 쉽다.
첫눈과 첫사랑은
일생에 걸쳐 큰 의미를 부여받고,
초심은 모두가, 그리고 언제나
그리워하는 동경의 대상이다.

처음이 영원이라면 이렇게 아름다울 수 없겠지.

낙엽

거미줄처럼
가냘픈 생명줄

고요한 하늘
가랑비에도

힘이 빠져
툭-

축 늘어진 몸을
검은 사람들이
내리밟는다

열쇠 없는 아이(1998)

나지막한 아파트 앞
피사체만 빼고
세상은 바삐 돌아간다

은빛 빛줄기가
눈을 찌르다가
검은 그림자가
드리워졌다

파란 하늘은
핏빛이었다가
칠흑빛이 되었다

무거운 서류봉투를 안고
돌아온 서른 중반의 엄마는
바깥에서 아이를 크게 혼냈다

기다리기만 했는데
기다리기만 했다고

untitled

꽃이 피길 기대했다.
씨앗 하나 심어놓고.

장마

지겹도록 만났는데도
헤어지기 아쉬운 것,

합당한 음울과 사색
의 까닭이다

혼자 아닌
우리의 것
의 까닭이다

환상

시간이 바람에 흩날리고 있다.

흩어진 가루들은 별을 이루었다.

서늘한 공기가, 적막한 대기가 심장을 적셨다.

별을 보러 올라갔던 계단 끝에서 너를 보았다.

허공에 손을 휘젓다가 그만 눈을 감았다.

별 끝 촉이 눈을 찌르는 고통이 느껴졌다.

기쁨의 별과 몸서리치도록 시린 별이 있었다.

원인 모를 두통이 시작되자 환상은 사라졌다.

적응

한참을 괴롭다가도 순응할 합의점을 찾고
끼워 맞춰 살아간다, 살아진다.

무료함을 깨뜨리는 무언가가
눈앞에 나타나면 끊임없이 갈구한다.
생각지 못한 일임에도, 간절히도.

얻지 못하더라도 물론, 다시 적응한다.
왜 그토록 원했었는지 의아하기도 하다.

반복한다.
반복하며 살아간다.

,

불이 켜진 채로 침대에 누우면 괴롭다.
불을 끄고 핸드폰 밝기를 최하로 낮춘다.

퇴근길

하늘을 찌르는
각박한 나뭇가지

높이
높이
쌓아
올린
회색
레고
듬성
듬성
주황
 빛

달빛이 명료해서
주황색이 갈빛이다

우는 것들

세탁기, 진공청소기, 냉장고
새, 풀벌레, 매미, 귀뚜라미……

연륜이 쌓일수록 슬피 우는 것
낡은 목소리로.

흐르는 것들에 동조하듯.

우리의 모습도 다르지 않지.

여행자

망망대해, 입자가 고와 조금도 껄끄러울 게 없는 모랫바닥에 앉았다. 끝이 어딘지 알 수 없는 수평선과 작고 찬란하게 빛을 발하는 윤슬, 아무 힘을 주지 않은 눈으로 내다본다. 바다의 넓은 마음을 또 생각한다. 지난날이 편안하게 그려진다. 시퍼런 바닷속에 묻어 둔다. 차디찬 물속으로 깊고 깊이 가라앉아 영영 아무도 못 찾게 되겠지, 그저 거기에 있다는 것으로, 그것으로.

답은 생겨나고 있었다

우리는 유독 슬픔에만 오래 응답한다.
집착을 놓지 못하고 오래 골몰할 때,
이미 답은 생겨나고 있었다.

강렬한 햇볕이 작은 창에
집요하게도 붙어있다가 떠났다.

몸을 움직일 때다.

자존심과 자존감

얄팍한 녀석이 얄따란 아이의 살을 갉아 먹는다
늘 같은 몸맨두리를 고집하고 있는 아이의 살이
통통하게 차오르려치면 얄궂은 녀석이 광기 어린
눈으로 살 뜯어 먹는다

가슴 근육이 뻐근하다

손가락도 저려 왔다

세상살이

부품들이 각자의
모양대로 역할대로
움직이어 굴러간다

굴러떨어진 부품은
주워 쓰기도 하고
내던져 버리기도 한다
간간,
제멋대로 굴러가 하수구에
처박히기도 했다

밤이 까만데도
낡은 소녕 아래서
초연히 움직인다

혓바늘

그해는 이주일 걸러 한 번씩 혓바늘이 돋쳤다
한 번에 서너 군데 움푹 패인 날도 있었다

신 과일을 먹거나
아침잠에서 깨어날 때는
더욱 거북하였다

*

혓바늘이 모두 사라졌다
밥을 퍼넣어도 평안하다

잠시 멈춘 산통처럼.

대낮인데도
거무스름했다

관계 1

맞지 않는 바지를
당겨 입다가
실밥이 터졌다

억지 쓸 일이 아니었다

관계 2

불안한 혼들의 삶
약한 것을 공격하여 과시하고
강한 것을 떠받들어 연명하기

고독한 혼들의 애정 보충법
무리로 엉겨 붙어 딴 혼을
헐뜯으며 얻는 일시의 쾌감

병든 감정과 싸우는 이들은
이 세상에 벌을 받으러 온 걸까
이 세상에 미련이 남은 걸까

,

가냘픈 여인이 꽁꽁 얼어붙은 강물을 지나고 있
다 저 멀리는 볕에 녹아 살얼음인지도 모르고

그런 날

바람이 불지도 않았는데
나뭇잎이 우수수 떨어졌다

켜켜이 쌓인 것들이 녹아
흘러내렸다, 걷잡을 수 없이

오늘은 그런 날이다

누구의 탓이 아닌 일

우리의 만남과 이별
나의 상처와 너의 고통
그리고 사라지는 소중한 것

하지만
너무 슬퍼 말기를

이별해야 해서 이별하는 것이고
상처가 나야 해서 고통받는 것이고
사라져야 해서 사라진 것일 뿐
그저 그런 것일 뿐

씨앗을 심어서 꽃이 피어나듯
자연스러운 것들이고
죽은 잎을 잘라내듯
그래야 했기에 그런 거니까

태어났기에 사는 것처럼
또 언젠가 죽는 것처럼

정답 모르는

뭘 모를 때가 많다

수학 문제도 어렵고
영문법 문제도 모호하다

바삐 돌아가는 세상에도
놓치는 것 투성이다

마음은 더욱 헤아리지 못하고

건성으로 씹어 넘겨 일거리만 무심히 주었던
속사정조차 잘 못 들여다보았다

저녁밥을 씹다가
친구에게 전화를 걸어 타로점을 보러 가자고 했다

고요한 밤

밤이 깊을수록 다시 태양의 시간에 다가가고 있다는 사실적 두려움이 닿는 동시에, 밤과 달의 얼굴을 보며 진심 어린 위안을 받곤 했다. 그들의 표정은 모든 걸 알고 있었다.

말을 하지 않는 생명체나, 연약한 것들에게 특히 애정을 느꼈다. 적나라하게 마음을 들켜도 괜찮고 무조건 나의 편이라는 확인할 길 없는 믿음을 가질 수 있기 때문일 것이다. 권력 의식이 반영된 이기적인 마음일지 모르겠다.

사람인데도 사람에게 여전히 풀리지 않는 미스터리를 가지고 있다. 표면적으로 그들과의 교류를 곧잘 하면서도 말이다.
비밀이 아닌데도 비밀이 쌓여갔다. 그것은 당신이 못 미더워서가 아니라 나의 것을 소중히 여기는 마음이라 치부하곤 했다.

그래도 여전히 당신이 좋다. 이러한 마음들이 불어나 깊은 바다를 이룬 것이 그 증거이다. 이 바다에서 당신이 쉬어갈 수 있으면 좋겠다는 생각도 해보았다.

나는 모래 위 마음을 쓰고,
파도는 당신을 적신다.

온기 가득한 밤 아래서.

"내 안에는 나 혼자 살고 있는
고독의 장소가 있다.
그곳은 말라붙은 당신의 마음을
소생시키는 단 하나의 장소다."

- *Pearl S. Buck*

피 본 날

아쉬운 한숨들이 모여
핏빛 꽃 피어났다

깊은 날숨이 한 번만 덜했더라면
이토록 아프지 않았을까

장미꽃 가시에
찔려 피를 보고 말았다

오늘 더 많이

이별이라는 단어는
참 서늘해.

지금의 서로를,
서로의 온기를
더는 알지 못한다고.
그것이 마지막이라고.
영원의 헤어짐이라고.

덜 영글었나 보다, 하면서
익어가고 싶지 않았다.

지금 더 많이 사랑해야지.
오늘 더 많이 사랑하세요.

함께 하는 이 시간이
마냥 길지 않은 것 같아요.

상처

채 아물지 못한
어린 상처를 꼬집어
적색 피딱지를 떼어 내고
기어이 새빨간 피를 보고 만다

삶과 죽음

우리가 다시 자연으로 흩어질 때는
홀로 떠난다, 처음 이곳으로 왔을 때처럼.

대단한 삶을 살았더라도,
그 대단함의 육체도 데리고 간다.
지난(至難)한 생에서
간신히 찾아 둔한 몸을 이끌었던,
믿었던 삶의 의미라는 것에게도
배신감을 느끼겠지.

그래도 말이야,
일단 이 세계에 생겨났으니
존재의 이유를 증명해야 하지 않을까.

언젠가 무색해질 삶의 이유,
그것의 허무함을 점차 체감해가며,
그러니까 너무 애면글면
애쓰지 않아도 된다고 다독여가며.

오늘은 나를 성가시게 하는 날개 달린 벌레를 살려두었다.

관계 종료

눈을 뜨자마자 뜨거운 불쾌감이
머리를 핑 돌게 했다

불씨가 또 머리칼에 붙어
쾌활하게도 춤추고 있었다

내 살덩이가 먹잇감인 불씨를 꺼뜨려야만 한다

머리칼을 잘라내야만 했다

불씨가 몸 전체를 뒤덮기 전에

머리카락은 다시 또 자라니까

밥벌이

헌신짝이 될 때까지 헌신하라고
열과 성을 다해 그들의 살을 찌우라고

말하는

피부가 검은 자들 앞에서
파스텔톤 웃음을 지어 보였다

화사한 웃음은 잿빛이 되었고
자아는 **뿔뿔**이 곳곳에 숨어 사라졌다

,

이 공간의 흐름이 무너진다면 숨 쉴 수 있을까

그러니 구멍 난 풍선에도 바람은 계속 넣어야지

길고 좁은 로비 끝 한 줄기 빛이 새어 들어왔다

쉼

혼곤과 우울을
토해낼 수 있는 곳

그곳에서는 나의 작은
생채기에도 얼굴을 붉혔고
비싼 처방과 치료를 해주었다

유일함, 복합적인 유일함
내게 생긴 불안감의 까닭이다

고동치는 가슴은 잠시 부여잡고
막힌 것을 후련히 게워내어야
오롯이 다시 연극을 해낼 수 있겠지

이 그늘에서 잠시 쉬어갈게요

표현의 부재

고마워해야 할 것에 고마우면서도
고마움을 표현하지 않는 것.
미안해야 할 일에 미안하면서도
미안함을 표시하지 않는 것.
칭찬할 일에 칭찬의 언어를 떠올리면서도
말을 아끼는 것.

,

곡해와 미움을 쌓는 가장 어리석은 일.
서로를 나쁘게 만드는 가장 나쁜 일.
마음을 녹이는 가장 빠른 길을 가지 않는 미련한 일.

편안한 고독

고독이 거듭하고 거듭하여
적막한 어둠에 노련해지고

외로움이 아니게 되었다

마침내 진정으로 누리게 되었다

"나가주시겠어요?"

(여느 때처럼 편안할 테니)

"아름다움을 보는 영혼은 때때로
혼자 걷기도 한다."

- *Johann Wolfgang von Goethe*

무의식 속 세계

23시 38분
딸기잼 발린 식빵 한 조각을 먹는 일

아이는 방문을 살그머니 열고
고개를 빼꼼 내밀다
다시 들어와 양말을 신고
미끄러지듯 부엌으로 가서
빵과 잼을 챙겨 들어왔다

빵 한 조각의 달콤함에 긴장감을 모두 녹였다

아이의 부모는 야식을 못 먹게 한 적이 없었다

온전히

사람들은 종종 자신의 아픔을 털어놓았다.
최선을 다해 들어주는 것이 가장 좋은 일이라고
생각했다.

그들의 마음을 실은 공감하지 못하면서 위로를
한다는 것에 문득 죄책감이 드는 날도 있었다.

그런 생각이 종종 들던 시기.

그의 품으로 파고들어 삶을 유영해보고 싶다는
마음이 간절했다. 온전히 끌어안기 위해서 그의
세계로 기꺼이 투신하고 싶다고.

얼마나 어려울 일일지 모르겠다.

구원

벌써 두어 번 구원받은 몸이다

검붉은 불줄기로 또다시 뛰어들어
몸을 잔뜩 웅크렸지, 차마 외면할 수 없었어

무의미한 행위의 반복

심장은 아직 타지 않은 그 순간을 느끼려고 해

나는 나로부터 버려졌지만
나는 너로부터 구원받을 거야

이제 기쁨의 춤을 출 거야

흐린, 보통의 날

흉터를 휘감을 필요성을 못 느끼는 그녀였다

가식적인 웃음소리
인위적인 울음소리

눈이 어두운 동물은 먹이만 받아먹는다

제법 똑똑한 돌고래도 공연 베테랑 원숭이도
천박한 여인이 주는 먹이를 달게 먹는다

비가 내리고 있다

단 하나의 오차

어쩌면 너와 나,
우리는 같다는 생각이 들었다. 같았다.
나이도, 키와 몸무게도, 사는 곳도, 배우는 것도.

한 끗 차이로. 찰나의 순간으로.
그러니까 예기치 못한 사건이나 잘못된 만남 같은 것으로 전혀 다른 모습으로 살아가게 된 것일지도 모른다.

일이 나한테 발생했더라면,
그 사람을 내가 만나게 되었다면,
너의 모습이 내 모습이 될 수도 있었겠다고.

산만하게 흐려지는 머릿속으로 다행스럽다는 마음이 스쳤다.
동시에 꽃잎이 떨어지는 소리에 소스라쳤다.

실은 우리는 모두 같았을 수 있으며,
또 같아질 수 있다.

그 언제

기압의 차이나
호르몬의 변화와 같은
불가항력에 의한 추상적 관념

달이 산산이 사라지고
조각난 별이 된 아픔

막연한 초조함을 초월할 수 있을까
나약한 불안감을 해탈할 수 있을까

그 언제가 되면

타인의 삶

소소한 선택
과정과 결과

모두 타인이 조회할 수 있다면

모든 지표가 다른 값을 나타내겠지

,

관중들 앞에 쓴 가면이
그대로 녹아 얼굴에 흡수될 수도 있을 거야
기식적인 손가락이
수많은 목록들에게 입력할 수도 있을 거야
(특히 웃는 이모티콘이 많을 거야)

당신은 지금 누구의 눈으로 살고 있는가

자신의 얼굴에 타인의 눈을 이식하진 않았을까

쏟아내다

1.
"요즘 많이 힘들지?"

그녀는 눈물을 쏟아냈다

2.
종일 마음 사나운 날

전화 한 통이 걸려왔다

좋아하는 이모가 죽었단다

한껍에 쏟아냈다

내던지다

모래사장 위 흩뿌려진 그것들을
한 줌씩 주워서 차곡차곡 쌓아 올려야지

쌓아 올린 무덤을 그대로 들어
바닷물에 내던져 녹였다

텁텁한 것에 숨이 턱 막히는가 싶더니
이내 수천 개의 도미노가
착오 없이 흐르듯 개운해졌다

플라스틱 심장도 말랑한 젤리가 되었다

그래, 말랑한 젤리가 이제 살아 움직이는 거야

더는 몸이 얼어붙는 곳을 가지 않을 거야

이제는, 두 번 다시는

도움 없는 도움

아이는 맛있게 사탕을 먹는다
혀 위에서 이리저리 굴리며 맛을 기억하다가
작은 목구멍에 알이 큰 사탕이 박혔다

아무도 대처 요령을 알려준 적 없는
생전 처음 받는 생명의 위협이었다

아무도 알아차리지 못하길
찰나의 바람이 뇌리에 스쳤다

아이는 본능적으로 방문을 잠그고
엎드려뻗쳐 생명을 가로막던 것을 토해냈다

달콤한 기체와 함께 꽉 막혀있던
알맹이가 톡 하고 굴러 떨어졌다

아이는 무의식적으로 자각했다
타인의 다급함은 자신의 침착함을 방해하고
그것은 오롯이 자신의 몫이라는 것을

아이의 엄마 아빠는
영상에서 흘러나오는 웃음소리와 함께 과일을 집어먹고 있다

어른

눈을 떠보니 어른이 되어 있다

필름 속에는 보통 날들이 다수 있을 뿐

언제 어른이 되었지
(언제 이렇게 인간 경력이 쌓였지)

어른이란 별다른 것일까

지하 쇼핑센터에서 산 가짜 양털 외투가
그때는 예뻐 보였는데
그렇다면 지금은 어른이 된 것인가

그래도 노래는 역시 옛날 노래가 좋다
그렇다면 이것 역시 어른이 된 것인가

할 말 안 할 말 구분한다면, 마음을 헤아린다면, 부끄러움을 알 수 있다면, 비로소 어른이 된 것이라고 하였다.
경력이 많더라도 어른이 아닐 수 있다고도 했다.

닭이 먼저야, 알이 먼저야?

너의 흐린 마음을 만든 것은 누구인가?

그럼 그 누구는 왜 그렇게 만들었을까?

그 누구의 미운 마음을 만든 것은 누구인가?

응어리

서운한 가슴을 제때 털어내지 않아 아무렇게나 쌓인 그것을 한편으로 밀어 넣어 놓고 작위적인 웃음을 짓곤 하지 유리 조각처럼 산산이 깨져버리는 것이 두려워 간편하고 거짓된 마음으로 대하곤 하지

바늘로 손가락을 찔러 검붉은 피를 보았는데도 그러고도 얹힌 것이 내려가지 않아 힘에 부쳐 내내 불편할 것임을

앓에도, 그것을 앓에도

forest in the mist

안개 속 숲을 걸었다
맑은 호흡으로

죽어가는 고양이를 들어 안고
걸었다

숲의 미로에서 길을 잃은 줄도 모르고
겁 없이 쉼 없이
걸었다

저 멀리 호랑이가 보이는 것은
단지 환영(幻影)이라고

실재(實在)라면 헤치지 않을 거라고

계속 걸었다

(모든 것이 사라졌다)

아침을 기다리며

비가 땅을 적시는 푸르스름한 새벽,
그는 창밖을 보며 해가 제법 부지런하다고 생각
했다. 오늘은 뜨끈한 국물 요리를 먹어야겠다고
도.

물웅덩이에 빗방울이
떨어짐과 동시에 튀어올랐다.

빗물이 땅에 머리를 박는 소리는
어떤 죽음의 비명보다 생동감 있다고,
자신도 그 언젠가 저들처럼
신선한 죽음을 맞고 싶다고 생각했다.

라면을 끓일 물을 올렸다.

인간

빛이 빈약한 어둠 속을 걸었다. 시퍼런 공기는 적요한 걸음의 속도를 맞춰 곧잘 따라왔다. 나와는 사이가 서먹한 반쯤 언 달이 한 줄기 빛을 보태주었다.

희끔한 빛의 끝자락에 선 당신의 뒷모습이 보였다. 그 존재는 어떤 따뜻한 언어나 행위보다도 날선 신경을 차분하게 달래주었다.

당신이 서 있는 딱 거기까지만 가는 것으로 선을 긋는다.

인간은 혼자이기를 원하면서도 고독을 두려워하고, 가장 뛰어나길 원하면서도 극히 평범하길 바란다.

,

성공을 원하면서도 도전의 길에 겁을 먹고, 특별한 사람이기를 원하면서 보통의 사람이기를 바라고, 꾸준히 사랑받기를 원하면서 자신의 무너지는 감정에 관대하며, 누군가를 이해하지 못하면서 이해받길 원하고, 누군가를 미워하면서 자신이 미움받는 것은 두려워하고, 평소에는 남의 것을 크게 보면서 힘들 때는 자신의 것을 크게 본다. 그리고 강인하면서 유약하다.

꽤 이기적이고 모순적인 것이다.

낯선 위로

어느 날 내 세상에 스며들었다
평온했지만 무미했고
무미했지만 평온했던 그곳에

선홍빛, 때로는 어둠의 빛으로 물들이며
낯선 냄새를 맡은 개처럼 존재감을 드러냈다

그를 짖게 하는 그 어떤 것들은
모두 돌을 던져 죽여버렸다

,

물들던 색들은 시간이 지날수록
자주 세탁한 티셔츠처럼
색이 바래져 갔다

짖는 모습은 여전했다

,

땅거미가 젖어 들었다

친숙하고 익숙했던 그들의 형태가
그림자로 어른거렸다

작은 몸을 웅크리고 얼굴을 가린 손가락 틈새로
이슬을 내비치자 쭈뼛 섰던 솜털들이 침착해졌다

가끔은 이렇게도 위로를 받았다

아픈 날

몸이 싸늘하게 굳었다
냉한으로 옷이 축축해져
만신이 떨리면서
장이, 자궁이 뒤틀리는 고통

고통 속에서
나는 생각했다

낮에 했던 생각이
괘오한 것임을

무의식 속 어딘가에서

각자의 삶

내 영화 속 수만 개의 장면
감관을 통해 해석하는 과정을 담아낸다

모든 동요는 탄식만을 주는 것 같았다
실은 훌륭한 장면을 연출하기에 적합한 감정선이었다
다음 현장에서부터는 동공의 움직임에 따라 그저 춤을 추면 된다

영상 속에서, 웃음을 파는 여인에게 돈을 주는 남자가 지나갔다
조연들과 행인들도 모두 역할에 충실했다

제2부. install & uninstall

가을

함께이기도 했고
혼자이기도 했던

끝나지 않을 것만 같던
시간도 그렇게 흘러갔다,
뜨거웠던 태양과 함께.

한층 깊어진 마음처럼, 어느새
하늘이 높아진 날이네
뭉글한 날이 왔네

가을바람에 흔들리는 나뭇잎들이
그렇게 좋을 수가 없겠다, 싶다

하늘에서 반짝이는 건
별만이 아니었네,
밤만이 아니었네.

시 내리는 밤 (별의 언어)

맑은 어둠이 내린 깊은 밤.
인적 드문 곳, 가로등 불빛 하나 없는 곳,
고요함만이 별들을 잠재우는 밤에,
수억 개의 아기별 무리가 열을 맞추어 위로 아래
로 움직이는 몸짓이 은하수를 이루었다.
별의 언어들이 하늘에 영롱하게 수놓아졌다.

행운

파랑새가 날갯짓하여
품에 스며드는 꿈을 꾸었다

요즘은 신기한 경험을 한다
너와 함께 있으면
온갖 것이 새롭게 와닿는 것

익숙한 것의 낯선,
그 생경한 느낌

흙더미 속에서
반짝이는 진주를 발견했다

그해 여름

해가 서서히 길어지는 날들이었다
밝을 때 당신을 생각하는 시간이 길어지는 시기

하루가 꽤 쓸 만했다

이 계절은 밤이 더 좋다
여름의 향기가 은근하다

밤과 아침 사이, 잠에서 깰 때면
엎드려 품고 있던 베개가
미세하게 흔들리곤 했다

그해는 온통 당신을 데리고 다녔다

주는 것의 행복

그대 찬연한 웃음이
마음 가득 채워졌어요

작은 것을 줬을 뿐인데

그대는 어쩐 일로

꽃밭을.
이 행복을.

camellia

향기 없는 꽃.
당신이 없는 세상에 숨어
홀로 피어오른다.

붉게 치장한 아름다움 속
감춰온 겹쌓인 마음을
다른 이에게 내어 준다.

당신이 그녀와
사랑을 나눌 때 즈음.
열렬히 몸을 떨어뜨린다.

애타는 마음도 함께.

"이 사랑의 꽃봉오리는
여름날 바람에 마냥 부풀었다가,
다음 만날 때엔 예쁘게 꽃필 거예요."

- William Shakespeare

줄다리기: 불가

하찮은 쾌감으로
고되게 하고 싶지 않았다.

찰나의 순간도.

어째서 너에게는.

그저
너의 안녕,

그리고
너를

바랄 뿐이다.

사랑과 우정 사이: 뽑기

네가 제일 좋아하는
별 모양을 깨뜨려 버릴까 봐

그것이 두려워, 그것이 어려워

겁쟁이는 오늘도

네가 두 번째로 좋아하는
네모진 모양으로 고른다

her monologue

오랫동안 공들여 지켜온 것이 단 하나의 문장으로 무너질 수도 있을 거라고. 작은 생채기가 두터운 것에도 때로는 지울 수 없는 흉터가 될 수 있다고. 혹은 나를 위한 것이라고.
숱한 핑계를 늘어놓으며 늘 독백만을 했다.
당신의 눈치보다 빠르게 걷기 위해 난 늘 뛰어야만 했다, 혼자서 숨이 가쁘도록.
혼자이길 자처하면서도 혼자인 날엔 밤이 오는 소리에 덜컥 겁이 나기도 했다.
그리고 나와는 달리 언제나 용감한 당신이 부럽다고 생각했다.

그랬다고 한다.

사치

어떤 마음도 아끼지 않았다
나에게는

구두쇠인 줄 알았는데

지식인

네가 읽은 책
네가 본 영화
네가 들었던 노래
반복해서 곱씹으며

이 구절을 읽으면서
이 장면을 보면서
이 소절을 들으면서

어떤 생각을 했을지
어떻게 와닿았을지

왜 이 문장을 좋아하는지
왜 이 대사를 좋아하는지

끊임없이 헤아리고 연구하는 것
너에 대해 기꺼이 수준급 지식인이 되는 것

봄밤, 진심

그윽한 아카시아 향이
머릿속까지 아른아른한 봄밤
몽환의 밤을 그려놓은 창밖 풍경에
당신을 가만히 옮겨놓아요
이 속삭임이 꽃 향 담은
밤바람 타고 가닿길 바라요

Traum(꿈)

간밤에
너를
이루었다

비로소
나였다

눈이 부셨다

꿈같은 기억이다

마음의 무게

가끔 그런 생각을 한다

아픈 것을 잘 참는 사람이 있고
엄살스러운 사람이 있듯

마음의 무게를 잴 수 있다면

말보다 마음이 가벼운 사람이 있고
표현이 없었지만 무거운 사람도 있겠지

너의 무게는 어느 정도일까
우리의 무게는 누가 더 무거울까
지구에서 마음이 가장 무거운 사람은 누구일까

마음 표준 규격이 없어서
아름답고 평화로운 거겠지.

내 눈에 보이는

이슬 머금은 풀잎 사진을 찍으면
투명한 공기의 맑은 미소가 있었고

새파란 하늘과 구름 사진을 담으면
시원한 바람의 얼굴이 함께 있었다

활짝 피어난 꽃잎을 찍으면
네가 거기에 있었다

어려운 일

우연히 너를 만났다

너는 여전히 너였다
나도 여전히 너였다

내겐 가장 어려운 일

반영(反映)

당신이 담는 나와
타인이 담는 나는
다른 모습이었다

내 거울 속에서도
그랬다

시선이 담겨서 그런지
마음이 담겨서 그런지
모를 일.

동경

눈이 부시게 빛나는 별

(별은 바라보기만 하는 것이지)

마땅한 일이겠지요

(감히 욕심나지 않아요)

그런데,

흔한 마음일지라도
그 얼마나 무거운 것인지
알고 있을까요

외사랑

마음에 꼭 드는 것일지라도 훔칠 수 없듯,
괜한 욕심이 들 때면 그 마음을 작게 접어
주머니 속 깊은 곳에 넣어두곤 했다
간혹 접힌 마음이 풀리는 소리가 나기도 했다

,

서로의 계절에 방문하여
눈빛을 담고 호흡을 섞고
그림자의 움직임 소리를 듣는 것으로
마음은 얌전해지곤 했다

꽃 선물

연약한 아이를
행여 다칠까
고이 품어 온
네 마음에서
은은한
향기가 난다

사랑의 크기

"나 얼마만큼 사랑해?"
"지구를 다 저버리고 너를 선택할 만큼."

사랑의 계절

새싹, 봄꽃, 햇살.

봄이다, 봄이 왔네.

벅차오르는 봄과 함께
당신도 피어올랐다.

이렇게도 활짝.

바야흐로 사랑의 계절, 봄.

농담

그의 농담에
그녀가 웃었다

그는 며칠을, 내내
핑크빛 복숭아
그녀를 생각한다

그녀는 원래
새빨간 사과다

여름밤

하늘에는 해가 지고, 난 너에게 지고.

바스락거리는 공기가 맨살을 스치는
여름밤이다, 우리가 유난히 좋아하던.

은은히 반짝이는 깊은 밤하늘 위에서
연둣빛 이파리가 바람의 박자로 춤을 춘다.

넉살맞은 이파리가 벤치에 앉으라고 한다,
지금 너를 불러내어 함께 앉으라고.

이렇게 좋은 밤에.

온 마음이

당신의 속도로 걷는 것,
당신의 언어를 곱씹는 것,
당신의 생각 속을 항해하는 것,

그러니까 당신이,
언제나 편한 상태이기를 바라는 것.

하늘을 자기 마음대로 물들이는 노을처럼
온 마음이 당신으로 물들었던 날,

나는 이 마음들을 사랑이라고 생각했다.

"사랑은 결정이 아니다. 사랑은 감정이다.
누구를 사랑할지 결정할 수 있다면
훨씬 더 간단하겠지만 마법처럼
느껴지지는 않을 것이다."

- *Randolph Trey Parker III*

오래된 반지

늘 끼는 반지가 광채를 잃어버렸다.
다른 반지를 끼더라도 언젠가는 빛이 바랜다,
어쩌면 훨씬 더 빨리.

그 사람도 당신의 처음에게는
운이 나는 귀한 존재였고
지금도 누군가에게는 그런 사람일 것.

당신 두 눈의 빛이 사라진 것일지도,
여전히 아름다운 보석인데.

,

고운 천으로 닦았더니 광이 살아났다.

소나기

소나기가 쏟아내린다.

너는 그녀와 걷고 있다,
한쪽 어깨가 흥건히 젖은 채.

차고 거센 빗줄기가
심장에 내리꽂혀
서늘한 감각이 퍼졌다.

코스모스

낙조로 붉게 물든 저녁 하늘 아래
미풍에 흔들리는 가녀린 소녀를 보았다

모든 것을 이해한다는 듯 끄덕여주었다
너를 관조하듯 내 마음을 가만히 들여다보다가

유약한 생명으로부터 견고한 힘을 얻었다
꽃의 존재는 어떤 말보다 위로가 되는 것이었다

빈방

이 좋은 계절에 당신이 편히 쉴 수 있는 곳 하나
마련해 두어야겠다고 생각했다

그러면서도 내게는 매일이
이리저리 요동치는 날일 것이라고 생각했다

들어오지 않으신다면
그저 꽃이나 바람과 별,
이런 것들을 들여놓아야겠다

그것도 그런대로 괜찮은 일이다 싶다

절정을 지나

뛰어가면 진짜 큰일이 난 게 될까 봐 온 힘을 다해 꾹꾹 눌러 걸었다.
어떤 감정을 들키고 싶지 않을 때, 우리는 패를 보여주지 않으려 최대한 절제하여 행동하는 수를 둔다. 침착함으로 상대를 안심시켜 선견하지 못하게 하는 속임수다.

감정선은 상승 곡선을 그려 절정에 다다랐다가 이내 하강 곡선을 타고 내려온다. 절정을 지나버린 것들은 곳곳에 있다. 나무가 가장 화려한 모습을 보여주고 잎들을 떨어뜨리듯, 꽃이 활짝 피어오른 후 시들어가듯.
흐르는 강물처럼 자연스러운 일이다.

수는 통하지 않았다.

변하는 것

거리의 연인.

여자는 남자에게 처음과 달라졌다고
왜 변했냐고 따져 물었고,

남자는 사람의 행동이
흐름에 따라 변하는 것은 당연한 것이라고
다만 본질이 변하는 것은 아니라고 대답했다.

세상에 변하지 않는 것이 있을까?

그렇다면, 모든 것이 변힌디면,
그것은 잘못일까?

여자는 영원의 심장을 가지고 있을까?

"사랑은 언제까지나
지속되어야 하는 것인가,
아니면 이런 저런 정거장에 멈춰서는
여러 열차와 같은 것인가?
내가 그녀를 사랑한다면 어떻게
그녀를 떠날 수 있나?
그때 내가 그렇게 느꼈다면,
지금은 왜 아무것도 느끼지 못할까?"

– *Jeff Melvoin*

그런 마음

내가 떠나는 것보다는
남은 이가 내가 되기를.

네가 나를 그리워하기보다는
내가 너를 그리워하기를.

그런 쪽을 더 바란다는 것.
그게 가능한 일이었다는 것.

독백

어떠한 향기 젖은 부름에도 현혹되지 않았다
단일 음성만 존재했고 그것을 진리로 삼았다
나의 세계는 그런 것이었다

어쩐 일인지 자꾸만 패여 갔다
글자들이, 음성들이 자주 아팠다
구김진 자음과 모음의 조각들을 붙여보려 했다

,

단단하게 얼어붙었던 2단짜리 아이스크림은
목을 비틀어 굴러떨어졌다
지면에 누워 삶을 포기해버린 그것을
주워 담을 수도, 다시 붙일 수도 없었다

흔적이 다 사라지기도 전에
이미 찍힌 발자국, 그것을 따라 길이 그무러졌다
며칠간 고열에 시달렸을 뿐, 놓지 못하였다
그 후로는 발자국이 다시 찍히지 않았다

뒷모습

대화를 끝내고

뒤돌아선 너의 모습에서
목소리가 들려 왔다

가끔은 뒷모습으로부터
진심을 듣기도 했다

지금 보니

변한 것이 나쁜 걸까
변하지 못한 것이 나쁜 걸까

당신과 잘 어울리는
계절이다, 또다시

distance

가까이하려 손을 뻗을수록 더욱 멀어져 가는 것,

내가 팽팽하게 당겨갈수록 그는 더욱 단단하게 자리를 지켰다.
지겨운, 지루한 어떤 것의 지윷도 승낙할 수 없었던 나는 줄을 바닥에 내려놓았다.
혹시 힘없이 느슨해진 줄에 호기심을 갖지 않을까, 잡아보지 않을까.

슬픈 일이다.
거리를 좁히기 위해서 일정 거리를 유지하는 것은.

이별_일어서기

내내 성가시던
썩은 이를 뽑았다
빈틈이 허전한데
통증은 사라졌다

얼른 치과에 가야지

사랑의 오만

뾰족한 가시 돋치면 기꺼이 찔렸고
환한 빛을 받으면 온몸으로 안도했다

내내 아끼어 아까운 것인데
마땅한 것이라 여겼다

원하는 대로 길들였다

그런데,
오만이 권피하다

이제는

우리의 겨울

겹겹이 걸친 것에 구김진 티를 감출 수 있던 계절. 우리의 모습과 퍽 닮았다고 생각했다.

목도리를 벗어줄 때 나는 너의 구깃구깃한 옷이 드러나는 것을 창피해했다.
무안해하던 목도리가 시린 심장을 감춰주었다.

겨울이 그다지 춥지 않다고 생각했던 때도 있었다.

그리움

그 시절 사진 속 내 모습을 보았다.
여태껏 너를 그리는 것인 줄 알았는데,

우리가 남이 될 때

누구나의 처음은 두근거림이었다
심장이 말하는 호기심의 욕망으로
자신도 모르는 사이 자신을 감추고
서로를 우리라고 칭하기로 했다

굳은살이 박인 심장과 감각 없는 입술은
자신도 몰랐던 자신을 들추어냈고
우리가 우리이기 전을 그리워하고
서로를 남이라고 칭하기로 했다

가장 각진 단어에 구겨진 음성과
시끄러운 적요에 소모된 감정과
우리여서 외로운 고독과 고독이 더해져
한때 가장 의지했던 사람을 가장 증오하게 되었
을 때

아직도

술잔이 울렁인다
깨졌다, 깨뜨렸다
한참 바라보다
조각을 주웠다
상자에 담았다
같은 잔을 꺼냈다
다시 술잔을 채웠다

이별로(離別路)

하얀 대낮이었다, 눈치 어두운 해가 머리를 스리슬쩍 내밀고 미소하던 날.
차가운 것도, 뜨거운 것도 썩 어울리지 않는 날.
믿지 못할 정도로 쓴맛이었던 뜨거운 커피는 불완전한 심장을 놀라게 했다.
모든 마지막은 필시 오래도록 기억될 것, 새까만 것을 또 한 모금 크게 삼켜냈다. 물기 머금은 빛을 코트 속에 비장하게 여몄다, 물체들이 일그러졌다.

눈이 내렸었던가,
감각 잃은 발자국이 깊은 곳으로 숨어들었다.

차라리

미세한 틈조차 허용되지 않아
외려 서로를 멀게 했다.

달갑지 않아, 고운 마음은.

끝끝내 줄곧 먹은 기름진 것으로
새겨진다는 건 끔찍한 일이니까.

차라리 이쯤에서.

모닥불

모닥불을 피운다
높게 더 높게 타오르기를

타다 만 장작 하나를
깊은 곳으로 밀어 넣는다

둘은 안정된 불의 움직임을
초점 없는 눈으로 바라본다

형태를 잃어버린 장작들
또 그 어떤 것들.

불안

나에게만
꽃이었으면,

꽃을 꺾어 들어
화병에 꽂았다.

그래도, 그런데도.

시들어져 버려라.

감정 소모

네 앞에서는 한없이 웅그려
미미한 움직임에도 소스라쳤다

네 마음의 부재가 오래도록
하찮은 심장을 괴롭게 했다

도려낼 수 없는 처참함
그것에 나는 무너졌다

착각의 늪

감정은 호수와 같고
호감은 비근한 것인데

그럼에도 어리석게도

이별 1

물기 없이 메마른 가슴 살갗에
거친 바람이 스치어 벌겋게 텄다

빈한한 눈발이 날릴 때면 희부연
허공에 손을 내젓기도 했다

음음한 절기를 몇 차례나 돌려보내고
명랑한 낮을 서름서름하게 맞이했다

전심을 다했던 모든 계절이
볕에 녹아 곳곳에 앉았다

그렇게 겨울과 작별했다

이별 2

너의 이름을 부르짖기를 여러 날 반복했다, 모두가 잠든 시간 고양이들의 울음소리에 섞이는 것이 보통이었지만 하찮은 모든 것들을 신경 쓸 겨를이 없었다.

깊은 곳에서 우려낸 다짐이었는데 더욱 깊었던 마음은 내뱉은 입처럼 쉽게 허용하지 않았다, 검은 새벽 벌거벗은 애원도 하고 음침한 불안감도 주었다, 그 이튿날은 아무렇지 않게 너는 이미 닳아버렸다고 어서 육체도 사라지라고 했다.

제3부. rebooting

빛

까만 물결을
비추는 반짝임

그 어떤 빛은
너의 숨결이겠다

아픔 없이
환한 날들이길

빛나는 지금처럼

여행

낯선 곳에 가면
대단하지 않은 풍경도 좋아 보여.

현실에서 떨어진 곳의
공기, 냄새, 분위기, 기분, 느낌.
그 새로움과 해방감이 데려다주는 착각,
그리고 치유.

그 순간이, 그 시간이,
그 향기가, 그 추억이
좋은 거지.

아빠와 나무

햇볕이 이렇게 강렬했었나.
잎이 무성한 나무가 사위(四圍)를 감싸주었다.
빛깔이 고운 날개를 단 어린 새들은
그늘 안에서 평화롭다.
나무는 새들의 지저귐을 듣는다,
수십 년이 흘러도.

,

마른 나뭇가지는 도톰히 쌓인 눈덩이를
겨우내 업고 휘청이다가 부러지고 말았다.
폭신한 솜이불에 **몸**을 **폭** 덮은 나뭇가지는
새들의 의자가 되고 둥지가 되었다.

낮과 밤, 해와 비

밤을 좋아하고 비 내리는 날을 좋아한다.
비 내리는 밤, 글 쓰는 것을 좋아한다.

*온기와의 대화를 좋아하고
보고싶었던 친구와의 만남을 좋아한다.
오랜 친구와의 따뜻한 대화를 좋아한다.

,

어둠 속 빛을
오래도록 바라본다.

그런 날들을 아낀다.
내게 소중한 것들이다.

,

우리가 밝을 때 잠을 잔다면,
해 뜨는 날이 가끔 온다면,
나는 하얀 대낮에 쨍한 태양을
만나고 싶어 했을지도 모르겠다.

공평한 욕심이 과한 탓이다.

엄마와 아빠

완전히 소화해내지 못한 말들은 해의 정수리만 보이는 신새벽, 정신이 반쯤 깬 상태에서 떠오르곤 했다. 잠이 깨자마자 생각나는 건지 생각이 나서 잠이 깨는 건지는 잘 모르겠다.

그날 떠오른 것은 외할머니의 돌아가시기 전 모습이었다. 해가 갈수록 점차적으로 사그라들었던 외할머니는 내가 아는 사람 중 가장 선한 분이셨다. 우리 엄마는 그런 외할머니를 퍽 닮았다. 외할머니는 돌아가시기 전, 인생의 시간은 정말 잠깐이더라, 하고 과거형으로 말씀하셨다.

최근 엄마와 아빠는 숙제를 다 끝내고 남은 방학 기간을 즐기는 듯 홀가분한 상태로 보였다. 같은 무언가를 하더라도 어깨에 메고 계셨던 큰 짐은 내려놓으신 듯했다. 이건 열심히 산 사람에게 주어지는 특권인 것 같다. 어떤 면에서든 여유가 있어서 여생을 계획한다는 것. 선택권.

어릴 때 엄마와 아빠는 나에게 매우 큰 사람이었고, 두 분을 평범한 한 인간으로서 인식하게 될 때쯤 내 몸도 커졌다. 그런데 아이러니하게도 내가 커질수록 당신들은 원래 내 인식보다 작아지는 것이 아니라 나와 같은 속도로 더 커졌다. 그리고 해가 거듭될수록 더욱 멋진 색으로 물들어갔다.

새로운 두려움

악마를 두려워한다면
당장 그것을 물리칠 것이다

내 안에 잠재하던 두려움은
모두 사라졌다

악마를 두려워하는
천사가 더 두렵다

두려운 천사가 두려운
내가 더 두렵다

그리하여 나는
악마와 손을 잡을 수도 있다

샹그릴라의 오후

예쁘게 살찐 솜구름,
가득이 흰 얼굴에 조명 켜고서
앙칼지게 내려보았다.

눈부신 설산에 오르니,
태양 빛의 강렬함에
온통 눈을 감았다.

폭포수 떨어지는 '天下第一'
이라고 적힌, 자연 수영장에 몸 담그니
오래 묵은 고민도 누그러졌다.

대자연과 이토록 가까워 본 적이 없었다.

아, 대화도 했다.

얼굴이 새까만 소수민족의 하얀 웃음,
"예쁜 한국 아가씨, 여기로 시집와요."

엄마다

매서운 바람 부는 겨울밤.
온기 가득한 품을 내어주고
칼바람 기꺼이 대신 맞아내도
내 새끼 애처로워 저린 마음,
엄마다.

비 오는 날

유리창 절벽에 미끄러지는 빗방울들의 춤사위를
가만히 듣는다,

뜨끈한 아메리카노 한 잔과 함께.

묵은 때가 씻겨 내린다.

나만의 스트레스 해소법. 하늘이 도와준다면.

마지막 일과

다시 날이 어두웠다.
오늘은 내가 좋아하는 보통의 날이었다.
일 년 중 가장 많은 날.
특별히 기쁜 날도, 아픈 날도 아닌.

노곤한 몸을 이불 위에 누였을 때.
잠의 세계로 들어가는 것을 내가 인식할 때.
운 좋은 밤 얻을 수 있는 그 순간의 안락.

일과 중 마지막 할 일, 잘 잠드는 일.
가장 좋아하는.

낯선 사람

들킬 일 없이
설명할 일 없이

낯선 사람

짐이 많은 날
일회용 필름 카메라는
가볍고 편하다

모르는 일들

보이는 것과 진실의
사이는 가깝지 않지

단면을 판단하는 건
오만한 건가 멍청한 건가

속은 일, 착각한 일
오해한 일, 모르는 일

현재도 무수하겠지
수많은 차원에서

모기에게 언제 물렸는지도 알지 못하는데
다리에 있는 멍이 언제 생긴 건지도 모르겠는데

빨간 것을 말하는 검은 속내를 볼 수 없지
말을 아끼는 사람의 배려는 알 수 없지

다 알아도 아는 것이 아닐 수 있어

*헤르만 격자, 시각적 체계의 불완전함.

인식 수단

어떤 모양이든
내겐 무의미한 것

겉모습은 너를
쉽게 알아보는데
필요한 표식일 뿐

자연의 이치

봄이 지나가면 여름이 오고 겨울이 지나가면 또 봄이 오듯 그렇게 고요히 흐르는 자연을 떠나보냈다, 별안간 거울 속 나를 응시하는 여자가 있었다, 소리 없는 이별을 여러 해 반복했나 보다, 눈 깜빡할 새라는 것도 인식하지 못한 채. 흐르는 것은 자연만이 아니었지.

테이블 야자

이렇게 조그맣고 어린데.

미미한 애정에도 섣불리 서운해 않고
무럭무럭 자라주어 도리어 나를 위로해

내가 너를 키우는 줄 알았는데
네가 나를 키우고 있구나

싫기도 하다.

저 사람은 참 운이 좋아

호흡이 가쁠 때까지 마라톤을 완주했고
칠흑이 뒤덮은 밤 머리칼을 쥐어뜯었고
억울함에 온 얼굴이 피눈물 범벅일 때
달의 온기로 위로받으며 괴로움 달랬다

별 사다리 오르다 떨어져 다리 부러졌어도
꾸준히 열렬했기에 기어이 하늘과 가까웠다

그래, 어느 것 하나 쉽게 얻어낸 적 없었다

마음의 법칙

1.
아름다운 것은 왜 늘 지나고 보아야 그 가치를 알게 될까.

2.
어쩌면 지나고 보기 때문에 아름다운 것일까.

가질 수 없는 것 혹은 아직 갖지 못한 것은 더욱 빛이 나고, 지나간 것과 다시 마주할 수 없는 것은 대체로 아름다운, 우리들의 법칙.

3.
나의 어떤 것을 잃었을 때 되찾기를 절실히 갈구하지만, 찾게 되면 잠시 숨었던 욕심들도 즉시 제자리를 되찾는, 마음의 법칙.

모든 청춘은 아름답듯,
헤어진 연인이 새삼 새롭듯,
갖지 못한 당신은 더욱 조급하듯,
한여름 낮, 해가 귀가하는 밤을 기다리듯.

존재만으로

가끔은 혼자 앓던 묵은 마음을
꺼내는 것만으로도 치유가 되더라.

명석한 처방을 해 주지 않아도
내 옆에 존재 중이라는 것만으로도.

소중한 사람은 오늘도 소중하네,
그것을 또 알게 된 날.

오늘 힘들어요, 라고 마음을 보여줄 사람 있나요?
그럼 훨씬 수월할 텐데요.

음악

다른 어떤 것보다
또렷한 기억

그때의 장면
그때의 대화

그때의 감정
그때의 추억

그때의 나
그때의 우리

crying day

여름날 목청껏 울어대는 매미도
마음대로 표현하는 특권을 누리는데
우리는 왜 자꾸만 삼켜야 하는 걸까.

매미처럼 성실하게 우는 날이 가끔은 필요하다.
아픔과 슬픔이 찾아오면 작정하고 맞이하는 날.
암막 커튼이 있으면 더 좋겠다.

잘 만나고 배웅하면 예쁜 무지개가 보일지도.

더욱 깊이 와닿는 파란 하늘의 아름다움.

슬픔과 눈물은 이렇게 필요한 존재다.

좋은 만남

친분을 핑계로 진실을 파헤치려 들지 않아서
계획에 없던 진심을 내뱉지 않아도 된다.
사소한 행동에 섣부른 판단을 하지 않을 것이기
에, 나에 대해 어떻게 생각할는지 추측하지 않아
도 된다.

가벼운 농담만 하면서도,
시계를 보지 않고도 시간을 쓸 수 있다.

외려 낯선 사람에게서 얻을 수 있던 편안함.
익숙한 너에게서 느낄 수 있으니,

좋은 만남이란, 그 사람의 불편한 마음을 헤아림,
그것을 할 줄 아는 사람과의 만남이지 싶다.

필름 사진

늘 반짝이지 않아도
괜찮다, 색이 바래도 괜찮아

사랑과 우정이
전부였던 시절,
미숙했기에 성숙했던
순수함이 가슴속에 있어서.

두고두고 빛나게 할 거니까,
짧기에 더 반짝였던, 그 순간들이.

숙명: 너를 사랑하는 일

너를 너무 사랑해서 나를 잃어버릴까
두려워서 아직 만나지 못했다

너를 위하는 일이라면
나를 놓을 수도 있을 테니까

불현듯

엄마가 밥숟갈 위 가루약을
새끼손가락으로 휘휘 저어
내밀던 일이 떠오른다

겨울

서걱이는 걸음을 옮기며 생각했다. 이 계절은 어려운 것이라고. 따뜻했던 날들은 온갖 것들이 나와 한편이 되어주었는데, 이 계절은 그다지 편으로 삼을만한 친구가 없다. 어깨와 목에 칭칭 감은 것들로 외로움을 감추곤 했다. 마음이 퍽 넓다는 주머니 속에 맡겨둔 붕어빵을 꺼내 후후 불어 먹었다. 서걱서걱 소리에 맞춰 걸으니 어느덧 다다랐다.

rosemary

쌉싸름한 녹빛 내음
발산하는 너를
가만히 관찰하다가

내 마음이 청량(淸良)해져
마침내 헤아리게 되었다

,

너의 눈을 보고 나는
눈동자가 아름답다는 말을 이해하게 되었다

어린 빛

애써 끌어내지 않아도
작지만 또렷하게
빛을 발하고 있는 그것
남들이 가지지 못한 당신만의 것

작은 빛이 때때로
바람에 일렁일 때도
먹구름 사이로
별들이 빛을 보태 주었다

온 우주가 돕는 당위적인 일
이것은 사실이니까
믿어요, 나를
그리고 어린 빛을.

"희망은 밝고 환한 양초 불빛처럼
우리 인생의 행로를 장식하고 용기를 준다.
밤의 어둠이 짙을수록 그 빛은 더욱 밝다."

- Oliver Goldsmith

그때 다시

만남과 이별
그것은 필연적인 것

무궁, 무한, 영원은
존재하지 않아

주어진 숫자의 유한함
나약한 것들의 무력함

맞잡은 끈이 풀어지고
희뿌연 지평선 위에서
손을 흔들 때

어둠의 뒤편에서
돌고 돌아
수천 년 헤맬지
모르지만

우리, 그때 다시

가려움증

어릴 적, 아빠 따라 등산 갔다 내려올 때 즈음이면, 꼭 허벅지 안쪽이 가려워 긁지 않고는 참기 힘들었던 기억이 있다.

"아빠, 허벅지 안쪽이 가려워."
"건강해지고 있는 거야, 몸에 피가 도는 거란다."

,

어른이 된 나는 살아가면서도 종종 가려움증을 느꼈다.
내 삶에 건강한 피가 돌고 있는 거구나, 생각했다.

이제는 제법 잘 참는다.

rebooting

1.
모두가 울지 말라고, 슬퍼하지 말라고 말한다. 눈물과 슬픔은 무슨 죄를 지어 그렇게 미움을 받는 존재일까. 내가 그들이라면 엄청 서러울 것 같다. 그러면 서러움도 슬프겠다.
모든 슬픔을 부정하는 말은 위로가 되지 않는다. 당신은 내가 아니라서 슬픔을 배척하는 거겠지, 오랫동안 꼬아 생각하다가 해가 떴다. 그 순간 갑자기 맑음과 친해지고 싶다는 오기가 생겼다.

2.
어두운 사람과 티 없이 맑은 사람이 있다.
두 사람이 서로의 인생을 바꿔 살았더라면 뒤바뀐 결괏값이 나올 수 있을까.
같은 상황에서 그것을 받아들이는 마음의 차이. 그 마음으로 다르게 선택한 무수한 상황들. 또 이것들로 인한 추후 상황들의 연쇄적인 긍정적 혹은 부정적 작용. 이 모든 것들이 합해져 각기 다르게 발색된 개인의 색깔과 명도.

3.
스스로 잘 키워온 맑은 어떤 사람처럼, 진흙 속 피어나는 맑은 연꽃처럼, 그리고 우리의 처음처럼.

꽃의 시기

꽃은 시기를 잘 알고 있다

피어올라야 할 때
그리고 져야할 때

어떤 유혹에도 경솔하지 않고
침묵의 시간을 경건히 견딘다

내 안의 향기를 재촉하지 말 것
피어오르는 아름다움에 취하지 말 것

꽃잎의 조각들은
옅은 잔향으로 남았다

꿈에서 본 계단

어디쯤 왔을까, 올려다보니
아직 한참 아래쯤에 서 있었다.
지나온 계단도 자꾸 내려보았다.
위층에는 주로 노인들이 오르고 있었다.
오를수록 점점 가파른 경사에 노련하다.
딱 오를 수 있는 정도로 설계되었다고 한다.

다음 날은, 어제보다 조금 더 높이 서 있다.

굳은 문장들

막연한 선들이 담긴 지침서를 던져 받고
쑤셔 듣는 것을 잘하는 사람이 되었다.

고착화된 문장들은 너그러운 언어들을
쉽게 신의하지도, 흡수하지도 못했다.

이 사실을 인식하기까지는 오래 걸렸다,
이미 많은 낱말이 굳어있을 정도로.

,

그래도 숫자보다 글자를 가까이 두는 일은
지금 생각해도 잘하고 있는 일이다.

숫자는 감정이 없어서
어떤 마음도 대변하지 못한다.

책 선물

책을 선물한다는 것

내 진심을 전하는 것
내 위로를 건네는 것
가슴 속 순수함을 내어주는 것

너를 만나기 전에는 몰랐던 것들

몰랐던 것들이 많다

마음 가득 벅차오름에 대하여
가슴속에서 우러나오는 애틋함에 대하여
외부의 충격 없이도 저릿한 애처로움에 대하여
몰랐다

한계선 너머의 능력에 대하여
포용의 넓이와 인내의 범위에 대하여
사랑과 마음, 그런 것들의 깊이에 대하여 몰랐다

너를 만나고 나는 새로 태어난 한 인간이 되었다

뜨거움과 차가움의
정도에 대하여 이제는 알게 되었다

연습의 날들

모든 처음은 어설펐고 혼란했다.
그런 미숙한 날들일지라도,
각자의 자리가 있는 퍼즐 조각들이었다.
오늘 나의 일부분이 되어준 각각의 조각들.

탈(脫) 완벽주의자

그녀는 완벽주의자였다. 노력했다. 물리적 숫자에 알맞게 잘하고 있다고 다독였고 어른이 되면 마침내 완벽에 가까워질 것이라 믿었다. 그때가 되면 해야 할 일들과 자신의 멋진 모습을 일기장에 그려보았다.

예상대로 그녀는 아는 것도 많아졌고, 관계와 시야의 폭도 넓어졌다. 하지만 그럴수록(그래서인지) 도리어 완벽하지 못했다. 일에서든 관계에서든 고민하는 일이 많아졌고 마음을 쏟을수록 넘어지기도 했다.

그리고 완벽하지 않아도 된다는 것을 알게 되는 데는 꽤 오랜 시간이 걸렸다고 한다. 최근의 일이다. 그래도 노력에 대한 보상은 공평히 배당받은 것 같다고 했다.

서로의 위로

흐린 날이 밉지 않다
울적함을 공감하고
어둠을 이해하니까

구름 잔뜩 낀 습한 날의 냄새와
젖은 공기의 소리
바스락 이불을 덮을 때 쾌적한,
딱 그 정도의 온도

겸손한 그는 편안함으로 감싸주었고
흉디를 모른 체 해 주었다
이따금은 함께 울어주었다

이렇게 위로를 주고받는 날이다
공허함을 덜게 하는 교감이다

주변에 외롭지 않을 이유들이 숱한 것이다

행운의 나날

아무 일 없는 평범한 일상이 얼마나 행운의 날들인지 알지 못하고 살아간다.
늘 걷던 길을 걸으면서 나뭇잎의 색깔 변화를 볼 수 있는 것이, 볕 좋은 날과 눈 내리는 날의 공기를 피부로 느낄 수 있다는 것이, 꽃잎이 피고 지는 것을 내 눈으로 직접 구경할 수 있다는 것이, 꽃이 나를 보는 것이 아닌 내가 꽃을 보는 입장이라는 것이. 모든 것이 감사할 일이다. 무탈함이 반복되는 지금처럼 평온한 일상이 얼마나 웃으며 살기 쉬운 날들인지.

현실도피: 2G 폰(해외에서)

격렬했던 그해
여름의 휴가

아날로그 세상 속
마주한 느닷없는 낭만

그리고

현실로부터의
완벽한 차단

진짜의 휴가였다

간편한 이치

당신에게 아픔을 준 존재를 억울해할 필요 없다.
그 사람은 딱 당신이 받은 상처만큼의 무게를 안고 가야 하니까.
언제가 되었든, 어떤 면에서든, 어떤 식으로든.
그래서 분노를 나누지 않아도 된다, 그저 사랑만 나누면 된다, 간편하게도.

우리가 들고 있는 무게는?

보석 될 상

은빛 줄기에 쉼 없이 반짝이는 원석

어김없이 보석 될 상

생기 머금은 광채가 극히 강렬하여서

조만에 모두가 알게 될 것

실재하는 나

나는 움직인다
나는 살아있다
나는 지금 생각을 한다
영원의 흐름을 알 수는 없지만
이 세계의 나는 존재하고 있다
나는 지금 하고 싶은 일을 한다
그러므로 어딘가로 향해 전진하고 있다

아무것도 하지 않으면
아무 일도 일어나지 않는다
무언가를 하면 무엇이든 되고 있다

네가 그런 사람이라고 해도

만약,
네가 자존심이 강하여 완고하기만 해도

또,
네가 수줍은 성격으로 종종 얼굴이 붉어져도

혹은,
네가 꿈을 향해 갈 때 번번이 넘어지기만 해도

행여,
네가 한때 잘못된 선택을 하여 몹시 가난해져도

그런 줄 알지
그게 너인 줄 아는 거지

미워지지 않아

마음 편안해도 돼

희망의 새벽

안개 자욱한 도시,
키 큰 건물들 사이를 촘촘히 걸었다.

걸려 넘어질 만한 무언가가
발끝에 있을지도 모른다.

누군가 살짝 건들기만 해도
몸이 바스스 부서져 내릴 것 같았다.

혼미해지는 정신을 붙잡아야 한다.
두 눈에 힘을 주고 중심을 잡아야만 한다.

결코 나는 넘어지지 않으려면.

시야에 걸리는 모든 것이 불명확하여도, 그래도
저 끝에는 희망이 있다, 그리고 네가 있다.

해가 떠오르고 있었다.

어느 날, 문득

사랑이란 감정이 권태로운 날이 있듯
익숙한 것이 새삼스레 버거울 때가 있다

내 마음에 고독이 그득하여 내어줄 자리 없을 때
가슴속 찌꺼기가 가득 차 넘쳐 흐를 것 같을 때

심장으로 스며드는 감정을
억지로 지워낼 수 없듯
그 마음들도 떼어 내 버릴 수 없으니까
다그치지 말아야 한다
새촉히지 않으면 잠시 쉬다 떠난다

하얀 포말이 한 번, 또 한 번 걷어가
어느새 옅어진 흔적처럼.

그래도 삶은 계속된다

내가 존재하지 않더라도
온 우주는 여전히 바삐 돌아가고,
아무리 힘들다고 고함쳐도
세상은 순순히 도와주지 않는다.
아쉬울 것 없는 세상이다.
아픈 와중에도 괴로운 와중에도
지구의 시계는 쉴 새 없이 흘러가고 있다.
어떤 모습의 나일 것인지는 스스로가 정한다,
오로지.
그게 어떤 모습이든, 그래도 삶은 계속된다.

급선무

느긋한 휴일

좋아하는 음악 들으며
좋아하는 시집 곱씹고
좋아하는 커피 마시기

내 언어를 들어보는 것
마음 평화를 느껴보는 것

좋아하는 것 빼곡히 적어
그깃들로만 가득 채우는 날

'마음껏 행복하기'
우리가 가장 먼저 처리해야 하는 일

나로서의 성장

1. 최면: 사랑하는 나

매일 아침 따뜻한 물 한 잔을 마시는 것.
나를 위한 요리를 만들고 맛있게 먹어주는 것.
좋아하는 것들로 휴일을 채워 긴장을 푸는 것.

나를 위한 시간 소비를 습관화하자.

나의 상황에 따라 천천히, 혹은 스퍼트를 내며
매일 나로 가득 채워가자.
내 마음이 이끄는 것들로, 나만의 속도로.

그리고 어려운 세상을 오늘도
잘 살아낸 나에게 칭찬을 해 주자.

나를 아끼고 사랑하는 것만큼
긍정의 기운을 연쇄적으로 주는 일은 없다.

*단단한 내면은 당당한 외면을 만든다.

2. 남을 샘하지 말 것

자신을 아끼는 사람은, 즉 자존감이 높은 사람은 남을 질투하는 데 자기 시간을 오래 쓰지 않는다. 그의 좋은 점을 인정하고 자신의 기준에서 목표를 다듬는다. 그래서 공연히 우울해지거나 남을 헐뜯는 상스러운 행동도 하지 않는다.

나는 그냥 나인 것,
나의 비교 대상은 타인이 아닌 '과거의 나'다.

*남의 인생을 참고할 수는 있어도
소중한 자신과 비교하는 일을 하지 말자.

3. 스스로 하는 위로

사람마다 에너지 공급원이 다양하지만
나는 '자기 주도형' 충전 방식의 사람이다.

사람을 좋아하지만
적어도 위로가 필요할 때는 그렇다.

나만큼 나를 잘 아는 사람,
나의 상황을 정확히 이해하는 사람은 없어서
나만큼 나에게 몰입할 수 있는 사람도 없는 까닭
이다. 타인이 완벽한 내가 될 수는 없기에.

*지인들로부터 위로를 얻더라도
스스로 하는 격려의 힘을 잊지 말자.

4. 기회와 도전

기회는 왔을 때 잡는 것이 아니라
만들어서 가지는 것,
그리고 마음이 이끄는 일에 도전하는 것이다.

겁먹을 것 없다,

겁먹을 일은 도전하지 않고 죽는 일.

이 길로 갔는데 내가 원하는 보석이 없다면
저 길로 가보면 된다, 결국 찾아내면 되는 것.
단, 숨어있을지 모르니 오래 찾아봐야 하고
찾게 되면 전심을 다하여 꾸준히 세공해야 한다.

일단 시작해야 한다, 시작해봐야 알 수 있다.

*우리는 아직 젊고 인생은 길다.

5. 관계에 집착하지 말 것

가까운 지인에게 마음을 의지하다가
혹여 그 관계에 실패를 겪더라도,
내 마음이 단단하다면 상처는 곧 아물어 집착을
멈추게 된다. 그 사람과의 인연이 거기까지인 거
라고 받아들인다.

그 시간 동안 나를 돌아 살펴보고
스스로 더 좋은 사람이 되어
더 좋은 인연을 만들어 간다.

자신의 몸을 망가뜨리면서
미워할 누군가는 없어야 한다.

*세상엔 별일이 굉장히도 많다는 것도
하나의 위로가 되는 일이다.

꽃들과 별들에게 얻습니다.
공기 중에서 배웁니다.
여전히 순수한 마음으로.

머릿속에 블루스크린이 떴다

초판 1쇄 발행	2022년 10월 3일
2쇄 발행	2022년 11월 1일
지 은 이	ⓒ 이은별
펴 낸 곳	소라카
등록번호	제2022-000022호
이 메 일	sorakapress@naver.com

ISBN   979-11-980107-0-4 02810

이 책의 판권은 지은이에게 있습니다. 저작권법에 의해 보호를 받는 저작물이므로, 책 내용의 전부 혹은 일부를 사용하려면 동의를 받아야 합니다.

이 도서의 국립중앙도서관 출판예정도서목록(CIP)은 ISBN·ISSN·납본시스템 홈페이지(https://www.nl.go.kr/seoji/)와 국가자료종합목록시스템(https://www.nl.go.kr/kolisnet/)을 이용하실 수 있습니다.